AF494232

TÉMOIGNAGE

RENDU A LA MÉMOIRE DE

Mme ARMENGAUD née HINSCH

FONDATRICE

de l'Eglise Evangélique de Cette

NIMES
IMPRIMERIE ROGER & LAPORTE
7, Ruelle des Saintes-Maries, 7

1890

TÉMOIGNAGE

RENDU A LA MÉMOIRE DE

MME ARMENGAUD NÉE HINSCH

FONDATRICE

de l'Eglise Evangélique de Cette

TÉMOIGNAGE

RENDU A LA MÉMOIRE DE

MME ARMENGAUD NÉE HINSCH

FONDATRICE

de l'Eglise Evangélique de Cette

NIMES
IMPRIMERIE ROGER & LAPORTE
7, Ruelle des Saintes-Maries, 7

1890

TÉMOIGNAGE

RENDU A LA MÉMOIRE DE

MME ARMENGAUD NÉE HINSCH

FONDATRICE

de l'Eglise Evangélique de Cette

Mme Armengaud (Coraly Hinsch), née à Cette le 8 août 1801, s'est endormie paisiblement à Nimes le 14 juillet 1890, pour aller auprès du Dieu vivant au service duquel elle avait consacré toute sa vie.

Il suffit de lire l'autobiographie qui précède ses *Lettres pastorales* (1) pour comprendre jusqu'à quel point l'Esprit de Dieu a reposé sur elle pour la conduire par « le milieu des sentiers de la justice. »

C'est parce que sa vie religieuse a été une vie *extraordinaire* qu'elle a été méconnue par les hommes auxquels suffit une piété ordinaire, surtout par ceux qui n'ont de cette piété que l'apparence.

Il en sera de Mme Armengaud-Hinsch comme il en a été de tous les véritables envoyés de Dieu. Sa foi, sa

---

(1) *Recueil de lettres pastorales.* Imprimerie Roger et Laporte. Nimes.

charité, sa doctrine, ses œuvres seront appréciées dans l'avenir beaucoup mieux qu'elles ne l'ont été de son vivant.

Pour nous, nous nous estimons heureux de l'avoir connue, aimée, comprise et suivie, et nous nous efforcerons d'honorer sa mémoire en suivant ses traces.

Il nous eût été précieux de conserver encore quelques années cette femme fidèle qui nous a éclairés, soutenus et fortifiés par son exemple ; mais le Seigneur, dans son infinie sagesse, a jugé bon de nous enlever Mme Armengaud-Hinsch au moment où sa présence nous paraissait encore si nécessaire.

Il a voulu, par cette grande épreuve, nous apprendre à nous appuyer plus fortement sur Lui.

Quelle que soit l'excellence des ouvriers que Dieu emploie pour *planter* et pour *arroser,* ils ne sont *rien* sans Celui qui donne l'accroissement. C'est par la grâce divine et non par une vertu qui leur soit propre qu'ils travaillent, et l'unique but de leur ministère est de conduire à « *la foi en Dieu* » ceux qui les écoutent.

C'est ce que M. Edouard Kruger, l'un de nos chers pasteurs, s'est appliqué à bien établir dans le discours qu'il a prononcé, le 16 juillet 1890, au milieu de la nombreuse et sympathique assemblée qui entourait le cercueil de notre bienheureuse mère. Plusieurs de ses enfants dans la foi étaient venus de diverses localités du Gard et de l'Hérault, témoigner par leur présence de l'amour profond qu'ils avaient eu pour elle.

Vainqueur, par la prière, de l'émotion qui remplissait son âme, M. Kruger exprima, dans une puissante improvisation, ses sentiments intimes et ceux des ses frères.

Nous ne saurions reproduire textuellement cette improvisation substantielle, mais en voici du moins un fidèle résumé :

Chers amis,

La vénérable servante du Seigneur à laquelle nous rendons les derniers devoirs n'était pas une femme ordinaire. C'était une femme « vertueuse » comme celle dont parle l'Ecriture, (1) vaillante et forte, pleine de foi et d'Esprit-Saint. (2)

Loin de moi la pensée de venir ici glorifier une créature. J'ai trop bien compris que « *toute grâce excellente et tout don parfait* viennent d'en haut et descendent du Père des lumières, en qui il n'y a ni variation, ni ombre de changement. » (3) Mme Armengaud ne s'est, du reste, jamais glorifiée elle-même; elle avait un sentiment profond de son indignité et de sa misère naturelle.

Quoiqu'elle eût le témoignage de Dieu d'être née Nazaréenne comme les Joseph, (4) les Daniel, les Jean-Baptiste, (5) etc., elle savait qu'elle appartenait à la race déchue, digne de la condamnation et de la mort. Elle s'appliquait ces déclarations de l'Ecriture : « Nous nous sommes *tous* égarés pour suivre chacun son propre chemin. » (6) « Il n'y a *point* de juste, non, pas même *un seul.* » (7)

(1) Proverbes XXXI
(2) Actes VI, 5.
(3) Jacques I, 17.
(4) Genèse XLIX, 26.
(5) Luc I, 41.
(6) Esaïe LIII, 6.
(7) Romains.

Mais la foi au Sauveur était aussi vivante dans son cœur que la conviction de péché. Pour elle, comme pour l'apôtre Paul, tout l'Evangile était résumé dans ces deux mots : *La repentance envers Dieu, la foi en Jésus-Christ.* (1)

Elle trouvait la vie dans le sacrifice du Saint et du Juste, mort pour nos offenses, ressuscité pour notre justification. (2) Persuadée que Christ mourut *pour tous* afin que ceux qui vivent ne vivent plus pour eux-mêmes, (3) elle a vu se réaliser pleinement en elle les « grandes et précieuses promesses par lesquelles nous sommes rendus participants de la nature divine. » (2 Pierre I, 4)

Pour Mme Armengaud, le royaume de Dieu ne consistait pas en paroles, mais en *vertu.* (4) La pratique de la piété, voilà ce qui la caractérisait, ce qui la distinguait des pharisiens dont Jésus disait : « Faites ce qu'ils disent et non ce qu'ils font, car ils disent et ne font pas. » (5) Il y avait harmonie parfaite entre sa conduite et ses principes. Au ministère de la parole, elle joignait celui de l'exemple. Elle parlait de foi, parce qu'elle croyait; d'humilité, parce qu'elle était humble; d'amour, parce qu'elle aimait. Jamais on ne vit chez elle entre la connaissance et la fidélité, entre la lumière et la vie, cet humiliant contraste dont s'affligent tant de chrétiens. De l'abondance de son cœur sa bouche parlait, et sa parole n'allait jamais au delà de sa pensée. Elle était plutôt impuissante à rendre ses impres-

---

(1) Actes XX, 21.
(2) Romain IV, 25.
(3) 2 Cor. V, 15.
(4) 1 Cor. IV, 20
(5) Matth. XXIII, 3.

sions et ses sentiments intimes. Après de longs entretiens où elle avait prodigué les instructions, les conseils, les avertissements et les encouragements que lui suggérait son amour pour les âmes, il lui semblait encore qu'elle n'avait rien dit, tant étaient abondantes en elle les richesses de la grâce divine.

Les gémissements et les plaintes des chrétiens faibles et indécis étaient à ses yeux les symptômes d'une maladie morale dont elle avait été radicalement guérie. Pardon, purification intérieure, baptême du Saint-Esprit, tous ces *dons gratuits* avaient été accordés à sa foi, et elle en parlait librement pour l'instruction et l'encouragement de ses semblables, sachant que la lumière n'a pas été créée pour être mise sous le boisseau.

Quelle force ont les vérités de l'Evangile dans la bouche de celui qui en fait l'expérience personnelle! Servir de témoin à Dieu, c'est pour le croyant une joie, plus encore qu'un devoir. Il lui est doux d'obéir à cet ordre du Maître : « Va dans ta maison, et raconte les grandes choses que le Seigneur t'a faites ». (Marc. v, 19)

On parlait naguère au Synode du Vigan de la nécessité pour le chrétien de porter « la croix du témoignage ». Mme Armengaud a porté vaillamment cette croix pendant plus d'un demi-siècle. Au lieu de se laisser intimider par les railleries ou les persécutions soulevées par sa fidélité, elle se réjouissait d'une grande joie lorsqu'*à cause de Christ* on disait faussement contre elle toute sorte de mal.

Le simple témoignage de la justification par la foi lui attira, dès le début de son ministère, une vive opposition.

Et combien plus grande a été cette opposition lorsqu'elle a affirmé que la promesse d'un cœur pur avait été réalisée en elle, et qu'elle possédait « l'Esprit de sagesse et de révélation » que le Seigneur donne à quiconque *veut* connaitre sa volonté et la mettre en pratique! Mais les torrents ont en vain débordé et les vents ont en vain soufflé contre l'édifice de cette foi pure, il n'a pu être ébranlé parce qu'il reposait sur *le roc!* (Math. VII, 24-25)

Jusqu'à la dernière heure de sa vie, notre bien-aimée mère a été animée de l'Esprit de Celui qui est descendu du ciel pour publier *la liberté aux captifs*; et, malgré les efforts des adversaires, sa parole a été reçue «*avec douceur*» par plusieurs de ceux en qui elle était plantée pour leur salut. (Jacques I, 21) Ils n'ont pas voulu rester esclaves du péché; ils ont secoué le joug de Satan, et, devenus les affranchis du Seigneur, ils courent dans la voie de ses commandements.

« Mère en Israël », Mme Armengaud n'a pas quitté la terre sans avoir une *postérité de Dieu*. Nous, ses enfants, nous sommes heureux de rendre ici témoignage au travail de sa foi et de sa charité. Elle nous a enfantés *à l'Evangile, par l'Evangile* et *pour l'Evangile*. Avec quel soin ne mettait-elle pas sans cesse en relief, dans nos assemblées, l'œuvre de la grâce opérée en dehors de nous, mais pour nous; l'œuvre réalisée dans le croyant, et l'œuvre que Dieu accomplit par le ministère du croyant!

Le zèle de la maison de Dieu la dévorait. Nul n'était affligé qu'elle ne le fût avec lui. Nul n'était scandalisé qu'elle ne fût comme brûlée. Par contre, la conversion d'une âme, et surtout la sanctification des croyants étaient un baume pour son cœur. Comme Jean, sa plus grande joie était de voir ses enfants marcher dans la vérité.

Le « petit troupeau » confié à ses soins lui était particulièrement cher ; mais les élans de sa foi et de son amour la portaient bien au delà du cercle restreint des amis qui l'entouraient. Elle pensait aux troupeaux sans berger, aux brebis dispersées sur toute la terre, et, ne pouvant ellemême les atteindre, elle les présentait sans cesse au Père céleste au nom de Celui qui nous a appris à dire : « Que ton règne vienne! »

Sa sollicitude chrétienne embrassait les intérêts terrestres de ses enfants aussi bien que leurs intérêts éternels. Que d'amis béniront sa mémoire à cause de ses conseils matériels, autant que pour ses directions spirituelles! Les Etablissements de charité fondés par Mme Armengaud suffiraient à prouver jusqu'à quel point elle savait travailler au bien-être physique de ses semblables, en même temps qu'elle combattait pour le salut de leur âme. En 1846, elle ouvrit à Cette un *Etablissement de Bains de Mer* pour les malades indigents. Cet établissement a recueilli jusqu'ici environ 15.000 malades. Qui dira le bien qu'ils y ont reçu!

L'exemple donné par la servante du Seigneur a été suivi. D'autres hospices maritimes ont été créés. Nous nous en réjouissons de tout cœur, laissant à Dieu le soin de juger l'esprit dans lequel ont agi quelques-uns de leurs fondateurs.

En 1856, les journaux religieux français publièrent un appel en faveur de femmes tombées. Qui aura pitié de ces infortunées? Qui leur tendra une main secourable? — Mme Armengaud fut touchée de compassion, et elle dit : « Avec l'aide de Dieu, nous y pourvoirons! » — En 1857, la *Maison de Refuge*, de Nimes, fut ouverte. Plus tard, nous créâmes *la Famille*, et ces deux asiles ont recueilli successivement plus de 700 jeunes filles. 120 y sont encore à l'abri des tentations du monde et de ses souillures, et vous êtes tous frappés avec moi, chers amis, de l'expression d'amour filial avec laquelle ces chères enfants entourent à cette heure le cercueil de leur bienfaitrice.

Mme Armengaud aurait voulu pouvoir multiplier autour d'elle les œuvres de bienfaisance. Elle fut sur le point, il y a quelques années, d'ouvrir un asile pour les vieillards.

Nos ateliers, nos écoles, nos pensionnats, les Unions chrétiennes de jeunes gens et de jeunes filles l'intéressaient vivement. Grande fut dernièrement sa joie en apprenant la conversion de quelques-unes des élèves de notre pensionnat de demoiselles de Nimes.

Quant à l'Eglise proprement dite, avec quelle ardeur ne désirait-elle pas la voir dans un « état renommé sur la terre ! » — Elle saluait le jour où le royaume de Dieu, d'abord semblable à un grain de semence de moutarde, sera comme un grand arbre dans les branches duquel les oiseaux du ciel font leurs nids. Elle voyait la « petite famille » devenir une grande nation. Et, malgré son âge avancé, elle aurait voulu vivre encore pour voir le triomphe de la justice dans le monde. « Pour moi, disait-elle souvent, mon désir tend à déloger pour être avec Christ, ce qui me serait beaucoup meilleur ; mais pour le bien de ceux de mes enfants qui n'ont pas encore ma foi, je voudrais que ma vie fût prolongée. Jésus a dit : « Celui qui croit *en moi* fera les œuvres que je fais. » A mon tour, je dis : Celui qui croit *comme moi* suivra, comme moi, les traces de Jésus-Christ ; car c'est Lui qui est ma vie. Soyez tels que moi, car je suis telle que vous. »

La foi de Mme Armengaud se manifestait avec d'autant plus d'énergie que les épreuves morales et matérielles se multipliaient autour d'elle. Il en était de sa confiance en Dieu comme de l'Arche qui s'élevait d'autant plus vers les cieux que les eaux du déluge s'élevaient sur la terre. Et, lorsque la servante du Seigneur a été couchée sur son lit de mort, la joie, la paix, la sérénité de son âme sanctifiée ont augmenté d'intensité à mesure qu'approchait l'heure solennelle de la séparation. Elle contemplait « comme dans un miroir la gloire du Seigneur à visage découvert, et elle était transformée en la même image, de gloire en gloire, comme par l'Esprit du Seigneur. » (2 Corinth. III, 18) La face de Dieu était pour elle « un rassasiement de joie. » (Ps. XVI, 2)

Les amis qui ont eu le privilège d'assister à ses derniers moments n'oublieront jamais l'expression de ravissement céleste qui illuminait son visage. Lorsqu'elle ne pouvait plus parler, son sourire et son serrement de main attestaient encore l'amour qui remplissait son cœur. A l'exemple du Sauveur, elle aima les siens jusqu'à la fin. (Jean XIII, 1)

Mme Armengaud s'est éteinte sans avoir vu réalisées toutes ses pieuses espérances, mais elle a cru aux bénédictions de l'avenir et elle s'en est réjouie, comme Abraham voyant par la foi le jour de Christ.

Nous qui succédons à notre mère, malgré le vide immense que fait parmi nous son départ, nous sommes heureux de la savoir entrée dans l'éternel repos. C'est ce que j'éprouvais fortement pendant la journée d'hier. Au milieu de mes larmes d'affection filiale et de sincère humiliation, je me sentais rempli de gratitude en contemplant ma bien-aimée tante parmi les saints glorifiés, auxquels le Seigneur a dit : « Venez, vous les bénis de mon Père, possédez en héritage le royaume qui vous a été préparé dès la création du monde ; car j'ai eu faim et vous m'avez donné à manger..... »

Combien est profond l'abime qui sépare les justes des méchants ! « Retirez-vous de moi, maudits — est-il dit à ces derniers — et allez dans le feu éternel préparé pour le diable et pour ses anges ; car j'ai eu faim et vous ne m'avez pas donné à manger..... » (Matth. xxv)

Les justes et les méchants s'étonnent du jugement rendu à leur égard. L'étonnement des uns est le fruit d'une parfaite humilité ; celui des autres émane de leur profond orgueil. Tous apprennent qu'en recevant ou en rejetant l'un des disciples de Jésus, ils ont reçu ou rejeté Jésus lui-même.

Grâce à Dieu, Mme Armengaud n'a jamais méconnu les vrais croyants. Elle a aimé les plus faibles comme les plus forts à quelque communion qu'ils appartinssent. Aussi n'hésitons-nous pas à dire qu'elle n'a jamais mérité l'épithète d'esprit sectaire dont on a souvent cherché à la flétrir. Qu'est-ce, en effet, qu'un sectaire ? — C'est un homme qui a la maladie des querelles et des disputes, qui est animé d'un zèle amer et d'un esprit de contention. Le sectaire est étroit, exclusif, intolérant ; il regarde à la forme plutôt qu'au fond, à l'apparence plutôt qu'à la réalité.

Ce n'était pas le cas de Mme Armengaud, car non-seulement elle aimait tous les gens de bien, mais elle aimait aussi ses ennemis, elle priait pour ceux qui la haïssaient ; elle faisait du bien à ceux qui la persécutaient. Il n'y avait d'exception que pour ceux qui ont commis le péché qui va à la mort, (1 Jean v, 16) péché irrémissible, (Matth. xii, 31) péché de Caïn et de Judas.

Pour nouer et pour entretenir de bonnes relations avec les chrétiens, notre mère ne s'informait jamais de la bannière ecclésiastique sous laquelle ils étaient enrôlés. S'ils possédaient l'amour fraternel, son cœur leur était ouvert et ses mains leur étaient tendues.

Elle n'était cependant pas indifférente aux divergences d'opinions qui divisent les croyants en plusieurs églises; elle désirait, au contraire, vivement voir tomber toutes les barrières afin qu'il n'y eût qu'un seul troupeau et un seul berger. L'état normal de l'Eglise était à ses yeux l'unité dans la diversité *des dons*, non l'unité dans la diversité *des doctrines*.

Mme Armengaud suivait avec intérêt tout mouvement religieux qui semblait de nature à préparer les voies à « l'unité de la foi et de la connaissance du Fils de Dieu. » (Ephés. IV, 13). Les assemblées de Mission intérieure, les conférences, les synodes, toutes les fêtes religieuses occupaient son esprit. Elle se réjouissait, si dans ces réunions on parlait de la nécessité pour les églises d'une nouvelle Pentecôte. Mais elle s'affligeait à la pensée que parmi ceux qui demandent le St-Esprit, il en est si peu qui possèdent les dispositions requises pour le recevoir.

Il est certes bon d'aspirer aux bénédictions reçues par les cent vingt de la chambre haute; mais il faut posséder leurs sentiments. Sachons bien que ces hommes et ces femmes d'élite, avant d'avoir reçu *la vertu du Saint-Esprit*, étaient déjà capables de persévérer *d'un commun accord, dans un même lieu* en oraison et en prières! (Actes I et II) Leur âme avait été lavée dans les eaux de la grâce et purifiée par la parole de vérité. Jésus disait d'eux au Père : « Je leur ai donné les paroles que tu m'as données, et *ils les ont reçues;* ils ont reconnu *véritablement* que je suis venu de toi et ils ont *cru* que tu m'as envoyé... Sanctifie-les par la vérité; ta Parole est la vérité. » (Jean XVII) Purifiés par la foi en la Parole écrite et en la Parole vivante, ils devaient être sanctifiés (consacrés, mis à part) par leur union avec la Parole glorifiée. *Christ en eux,* l'espérance de la gloire, voilà le but proposé à leur foi, selon cette promesse immuable: « L'Esprit de vérité demeure avec vous, et *il sera en vous.* » (Jean XIV, 17)

Là où la propre justice entretient encore ses funestes illusions, là où la volonté propre s'oppose plus ou moins à la volonté de Dieu, *l'Esprit de vie* qui est en Jésus-Christ ne saurait faire sa demeure. « On ne met pas le vin nouveau dans de vieux vaisseaux. » (Math. IX, 17)

Le Saint-Esprit est donné à ceux-là seuls qui obéissent à Dieu. (Actes V, 32)

Ne confondons pas, chers amis, les influences bénies du Saint Esprit avec *la vertu* du Saint-Esprit, ni le don de l'Esprit *de vie,* avec le témoignage du pardon de nos péchés. C'est au fruit que l'on connaît l'arbre. C'est à la sainteté de la vie que l'on connaît la présence du Saint-Esprit dans le cœur. Les influences du Saint-Esprit produisent des émotions passagères; la vertu du Saint-Esprit crée un état permanent.

Dès son entrée dans le ministère évangélique, Mme Armengaud a cru à cet *état permanent* qui est l'apanage des cœurs droits. (Proverbes II, 7) Aussi l'entendait-on souvent dire dans ses prières: « O Dieu! crée des cœurs droits. »

Pour elle, le « corps de Christ », capable de mettre en pleine lumière le précieux principe de la solidarité chrétienne, n'existe que là où a été répandu « *l'amour parfait* qui bannit la crainte. » (1 Jean IV, 18) « C'est ici mon commandement — a dit Jésus — que, comme je vous ai aimés, vous vous aimiez les uns les autres. » (Jean XV, 12)

L'amour vrai est un amour désintéressé, un amour de sacrifice. Christ a mis sa vie pour nous; nous devons mettre nos vies pour nos frères. (1 Jean, III, 16.)

Ce principe divin, Mme Armengaud l'a prêché et pratiqué sans relâche, elle l'a mis vivement en relief. C'était l'essence, la moelle de sa doctrine. Elle a pu paraître parfois en exagérer la portée; mais, en dépassant la mesure humaine, elle observait le commandement du Maître et imitait son exemple.

Pour ceux qui ont compris sa pensée, pour ses fils et ses filles dans la foi, elle demandait à Dieu de les « consommer dans l'unité » afin qu'ils n'aient « qu'un cœur et qu'une âme. »

La prière sacerdotale a été comme son testament religieux. Nous garderons fidèlement ce précieux héritage. Comptant sur Dieu, nous prenons ici, devant Lui, et devant nos frères, le solennel engagement de marcher sur les traces de celle qui nous a devancés, de professer les mêmes doctrines, de vivre de la même vie, d'aimer du même amour.

Unissons-nous chaque jour par des liens plus étroits, nous à qui incombe une si grande responsabilité. La perte que nous avons faite est immense, et nous la sentons vivement; mais ne perdons pas courage : Dieu nous reste!

Celui qui nous a enlevé ce précieux ouvrier et qui nous a appelés dans sa vigne, nous remplira de force pour continuer son œuvre, et notre chère Eglise sortira de l'épreuve plus forte, plus vivante, plus digne de la sainte mission qui lui a été confiée.

Et vous, chers amis, qui acceptez notre témoignage, mais dont la foi est encore faible, prenez aussi courage. Ce qui n'a pas été fait en vous jusqu'ici peut être accompli maintenant. Approchez-vous avec confiance du trône de la grâce, afin d'obtenir miséricorde et de trouver grâce, pour être secourus dans le temps convenable. (Hébreux IV, 16).

Plusieurs d'entre vous sont venus de loin pour assister à cette solennité. Nous implorons sur vous la bénédiction d'en haut. Travaillez à votre propre salut et au salut de vos semblables. Quiconque s'occupe d'autrui plus que de lui-même s'égare ; mais Dieu bénit le travail de celui qui cherche à répandre autour de lui les bienfaits dont il a été enrichi ; et au moral comme au physique, un verre d'eau froide donnée au nom du Seigneur ne perd pas sa récompense.

Que la grâce et la paix soient accordées et multipliées à tous ceux qui prient ici en ce moment, aux enfants comme aux vieillards ! Tous ensemble plongeons-nous dans la « source qui a été ouverte à la maison de David, pour le péché et pour la souillure. » (Zach. XIII, 1) Quelle que soit la pureté d'une âme régénérée, l'aspersion du sang de Christ lui est indispensable, selon que l'explique l'apôtre Pierre dans sa première épitre. (1)

Mme Armengaud n'avait garde de l'oublier, aussi ne négligeait-elle jamais cette demande de la prière domini-

---

(1) Ch. I, v. 2.

cale : Pardonne-nous nos péchés comme nous pardonnons à ceux qui nous ont offensés.

Cette demande, loin d'affaiblir à ses yeux la doctrine de la sanctification, l'établissait, au contraire, très fortement ; car pour avoir la liberté de dire à Dieu : Pardonne-moi comme je pardonne, il faut posséder la charité qui, de toutes les vertus, est la plus excellente. Mme Armengaud a réclamé jusqu'à la fin l'aspersion du sang de Christ quoiqu'elle fût un « vase à honneur » (1) dans la maison de l'Eternel, et qu'elle pût rendre hautement ce témoignage : « J'ai combattu le bon combat, j'ai achevé la course, j'ai gardé la foi ; la couronne de justice m'est réservée, et le Seigneur, juste Juge, me la donnera en ce jour-là, ainsi qu'à tous ceux qui auront aimé son avènement. » (2 Tim. IV, 7-8)

Que cette part soit aussi la nôtre à la louange et à la gloire de notre Dieu-Sauveur. Amen !

Après une prière d'humiliation et d'actions de grâces, l'assemblée se retira silencieuse, profondément pénétrée des paroles de vérité et d'amour qu'elle venait d'entendre. Elle sentait combien les consolations divines nous étaient nécessaires à tous, particulièrement à notre cher M. Armengaud, privé, à un âge avancé, d'une épouse bien-aimée, avec laquelle il a combattu pour l'Evangile pendant quarante ans.

(1) 2 Tim. II, 20.

Plusieurs amis chrétiens, membres de diverses Eglises, ont su comprendre notre épreuve et nous témoigner la part qu'ils y prenaient dans un langage qui nous a fait du bien. Nous les en remercions ici cordialement.

Nous sommes heureux de pouvoir publier quelques-uns de ces témoignages, qui prouvent jusqu'à quel point les enfants de Dieu savent réaliser cette recommandation apostolique : « Suivons la même règle dans les choses à la connaissance desquelles nous sommes parvenus, et soyons unis ensemble. » (Philippiens III, 16).

M. le pasteur Mouline, Président du Consistoire de Marseille, Modérateur du Synode du Vigan, en nous exprimant « sa sympathie chrétienne et son souvenir affectueux, » nous rappelait ce beau texte inspiré :

Nous savons que si notre demeure terrestre dans cette tente est détruite, nous avons un édifice qui vient de Dieu, une maison éternelle dans les cieux qui n'a point été faite de main d'homme. (II Cor. V, 1).

M. le pasteur Schlœsing, de Toulon, nous assurait de son « attachement respectueux à la mémoire de l'éminente chrétienne que Dieu venait de rappeler à Lui. »

M. le pasteur Boisset, d'Aumessas, nous écrivait :

Sur le sillon lumineux qu'a laissé Mme Armengaud, nous pouvons affirmer qu'elle a été intelligente, pieuse, charitable, sincère. (Rom. XII, 9). Elle a parlé et agi. Et quelle activité que la sienne ! Ses œuvres le disent. Je n'ai pas ses opinions ecclésiastiques, mais j'admire sa foi et je demande à Dieu de susciter dans sa vigne des témoins fidèles de sa grâce et de son amour pour remplacer ceux qui ne sont plus.

M. le pasteur Elie Vernier :

Pour ce qui concerne Mme Armengaud, elle est heureuse plus que nous ne pouvons l'imaginer. Le Seigneur qu'elle a servi sur la terre l'a rappelée auprès de Lui, là-haut où elle le sert jour et nuit en attendant que ses bien-aimés aillent la rejoindre dans le meilleur des pays.

De M. le professeur Félix Bovet, de Grand-Champ (Neuchâtel-Suisse), M. Edouard Kruger recevait les lignes suivantes :

Bien cher Ami,

La nouvelle que vous m'annoncez n'a rien à quoi l'on ne dût s'attendre, mais elle m'émeut de bien des manières, tout particulièrement en m'associant à ce qu'elle doit vous faire éprouver, à vous pour qui votre tante était une mère et beaucoup plus qu'une mère ! Cher Ami, je souffre avec vous de ce vide qui s'ouvre pour vous et je sens bien en même temps combien d'actions de grâces abondent dans votre cœur à ce moment-ci, quand vous contemplez rétrospectivement toutes les grâces que Dieu a répandues si libéralement sur vous et tout autour de vous par le moyen de cette femme si extraordinairement bénie et qu'il avait élue pour une si grande et si haute mission.

Exprimez, s'il vous plaît, ma très profonde et très vive sympathie à M. Armengaud et à tous ceux des membres de votre famille et de votre Eglise que j'ai le bonheur de connaître et qui, comme vous, pleurent maintenant celle que le Seigneur leur a reprise, tout en le louant pour la leur avoir donnée et pour avoir daigné la leur laisser pendant de si longues années.

Oui, elle repose maintenant auprès de Lui, et, en paraissant devant Lui, elle a pu Lui dire : Me voici avec les enfants que tu m'as donnés. Quelle carrière que la sienne ! Quelle traînée de lumière elle laisse derrière elle !

Il m'est impossible aujourd'hui de vous écrire plus que ces quelques lignes, mais je n'ai pas voulu différer de vous dire que je suis *avec vous*. Vous le saviez au reste ! Ma femme aussi vous adresse la salutation la plus affectueuse et s'unit à vos sentiments. Que Dieu vous donne, cher ami, de plus en plus abondamment toutes les grâces dont vous avez besoin pour votre tâche toujours croissante ! Il le fait, Il le fera !

M. le pasteur Madoulaud, du Bréau, écrivait aussi :

Je garde un souvenir d'admiration respectueuse de Mme Armengaud. Que Dieu lui donne le prix de sa belle activité : la joie éternelle des âmes qu'elle a amenées à son salut.

La vénérable Mme Cook, de Lausanne, veuve de l'excellent pasteur méthodiste, M. Charles Cook, écrivait à une de ses anciennes amies :

La voilà donc arrivée, cette chère dame, après une vie bien employée. Quel vide elle doit faire dans l'Eglise, dans sa famille, et quelle perte pour tant d'âmes qui trouvaient auprès d'elle conseils, consolations et encouragements ! Heureusement qu'elles connaissent la source qui ne leur fera jamais défaut... Les dépouillements intérieurs et extérieurs sont notre partage ici-bas ; mais ce n'est pas pour nous appauvrir que Dieu nous dépouille, mais pour nous revêtir du Seigneur Jésus. Quel privilège que de le savoir et d'y pouvoir compter !

M. H^te^ Raisin, conseiller à la Cour d'appel de Montpellier :

Vous savez toute l'affection respectueuse et l'estime profonde que j'avais pour la personne si chère qui vous a été enlevée.

Quel enseignement que sa vie toute entière consacrée à la propagation de l'Evangile et à la fondation, couronnée de succès, d'établissements charitables, pour prévenir ou soulager les infortunes les plus diverses!

Aussi, sa mémoire vénérée vivra, non seulement parmi les siens, mais encore parmi les malheureux qu'elle a secourus, les chrétiens et les gens de bien qu'elle a édifiés par sa parole et son exemple.

M. le pasteur H. Roehrich, de Genève :

Nous avons pleuré avec vous, et moi tout particulièrement, à la nouvelle du départ de votre famille de votre si vénérée et si vénérable tante. Depuis que nous vous connaissons, nous la connaissions aussi, cette humble et fervente chrétienne, cette âme dans laquelle Christ se reflétait si purement, dans laquelle, mieux encore, Christ habitait si complètement. Et pour ma part, je n'oublierai jamais l'entretien si doux et si profond que Dieu m'a accordé la grâce d'avoir avec elle dans votre cabinet de travail. — Mais si nous pleurons avec vous, c'est aussi pour nous réjouir avec vous dans la foi, à la pensée de la grâce immense que le Seigneur lui a accordée, et de tout le bien qu'il lui a été donné de faire autour d'elle. Le chrétien pleure, mais il ne pleure pas comme le monde ; et surtout quand il a devant lui le vide laissé par une âme qui, comme votre chère tante, a vécu et est morte en Lui, s'il pleure, c'est en se réjouissant, c'est en rendant grâce, c'est en bénissant du fond de son cœur le Dieu qui l'a ainsi aimée. Oh! que toutes ces semailles, jetées en terre depuis si longtemps, germent et grandissent pour la gloire de Dieu! Que toutes ces paroles, qui n'ont cessé de jaillir de ce cœur chrétien, retombent comme autant de bénédictions, sur vous, sur vos proches, sur votre communauté, sur votre *Famille évangélique* et sur les chères âmes de votre *Refuge!* Et que toutes les âmes qui vous entourent, comme la vôtre, comme la nôtre, se retrouvent ensemble dans l'éternité auprès de Celui qui nous a tous rachetés!

M. le pasteur Edouard Monod, de Marseille :

Je ne connaissais Mme Armengaud que de réputation, et, malgré le désir que j'avais toujours eu de faire sa connaissance personnelle, les circonstances m'avaient constamment empêché de le réaliser. J'ai la confiance que je la connaîtrai, dans ce séjour de gloire et de paix éternelle où nous savons, par la foi, qu'elle est allée se reposer de ses travaux auprès de son Sauveur. Là, s'éclairciront tous les doutes et s'effaceront pour jamais toutes les divergences de conceptions religieuses entre les vrais enfants de Dieu...

Que le Seigneur Lui-même et Lui seul vous console, cher frère, de la perte si sensible que vous venez de faire, vous et votre nombreuse famille spirituelle ! Qu'Il sanctifie cette séparation ! Qu'Il bénisse de plus en plus l'œuvre si importante qu'Il vous a donné d'accomplir ici-bas, et que vous poursuivez avec tant de foi et de charité, aidé de vos précieuses auxiliaires, pour lesquelles je vous prie de vouloir bien vous charger aussi de l'expression de ma chrétienne sympathie.

Que la grâce soit avec tous ceux qui aiment notre Seigneur Jésus-Christ avec pureté. Amen! (Eph. VI, 24).

Nimes, imp. Roger et Laporte, ruelle des Saintes-Maries, 7. — 9-96

www.ingramcontent.com/pod-product-compliance
Ingram Content Group UK Ltd.
Pitfield, Milton Keynes, MK11 3LW, UK
UKHW020531180726
13839UKWH00005B/2432

9 782329 555218